Le voyage est probablement la façon la plus accessible
de réaliser un rêve. Chaque voyage naît obligatoirement
d'un rêve que l'on chérit et qui contient en lui-même
cette certitude qu'il se réalisera. Et dès que cette réaction
en chaîne s'active, elle ne s'arrête plus jamais.
Toujours plus de rêves, toujours plus de nouvelles destinations.
Raison de plus pour que notre initiation au voyage
se fasse le plus tôt possible. Tant qu'à faire face à l'infini,
aussi bien s'y prendre tout de suite.
Le tour de force de Madeleine Arcand réside dans le fait
qu'en réalisant son propre rêve d'inculquer le goût du voyage
aux tout-petits, elle les invite concrètement à réaliser les leurs.

Louis-Jean Cormier

Madeleine Arcand

C'est grâce à un voyage en Europe, organisé par l'école secondaire qu'elle fréquente, que Madeleine constate sa passion pour la découverte. Six ans plus tard, elle s'installe en France afin d'y compléter une maîtrise en médiation culturelle, à l'Université de Versailles Saint-Quentin-en-Yvelines. Parallèlement à ses études, Madeleine joue à l'exploratrice. La liste des pays visités est longue. Parmi ses coups de cœur, on retrouve le Liban, le Cambodge, l'Australie, le Vietnam, la Grèce, la Turquie, l'Espagne, la Chine, l'Italie, la Russie, le Brésil et la Roumanie.

Depuis 2003, Madeleine a tenu des chroniques culturelles dans plusieurs émissions de télévision et de radio. Elle a également traversé la Russie en train dans le cadre de la série documentaire *Transsibérien, mon amour*, puis l'Europe entière avec *Orient-Express, mon amour*, à Évasion. *Le style est dans la rue* (Moi & Cie) et *Art Public* (ARTV) comptent également parmi ses expériences télévisuelles.

Maintenant maman de Léonie et Adèle, Madeleine réalise un rêve en écrivant son tout premier livre portant sur l'initiation au voyage et la découverte du monde : *Lulu, Lila et la plume qui plane*.

Marianne Vincent

Diplômée en dessin animé et animation 3D, Marianne Vincent a notamment participé à des projets de l'Office national du film du Canada (ONF) et Télé-Québec. Publiée dans de nombreux magazines, elle a également participé à plusieurs expositions et collectifs à travers le monde, tels que le *Character Totem* à Birmingham et l'*Animystics* à Minneapolis. Elle travaille maintenant depuis plusieurs années comme artiste dans l'industrie du jeu vidéo, où elle a déjà apporté sa contribution à de nombreux projets de jeux mobiles. Fascinée par les monstres et les petites créatures, Marianne sait nous faire voyager dans un univers coloré et magique.

Textes et photographies : Madeleine Arcand
Illustrations : Marianne Vincent
Mise en page : Pascal Biet
Correction : Pierre Daveluy

Cet ouvrage a été réalisé sous la direction de Claude Morneau.

Remerciements
Un merci grand comme le ciel à Claude Morneau et Olivier Gougeon de chez Ulysse pour avoir vu grand avec moi. Merci à mes tout premiers lecteurs, Daniel Rodrigue, Emilie Villeneuve et l'orthopédagogue Marie-Pier Huot, pour vos indispensables conseils. Enfin, merci à mes trésors, Léonie et Adèle.
Que ce livre imprègne en vous, chers petits lecteurs, une envie irrépressible de découvrir le monde.

Madeleine

Financé par le gouvernement du Canada
Funded by the Government of Canada | Canada

Guides de voyage Ulysse tient également à remercier le gouvernement du Québec – Programme de crédit d'impôt pour l'édition de livres – Gestion SODEC.

Guides de voyage Ulysse est membre de l'Association nationale des éditeurs de livres.

Catalogage avant publication de Bibliothèque et Archives nationales du Québec et Bibliothèque et Archives Canada

Arcand, Madeleine, 1978-
   Lulu, Lila et la plume qui plane : une initiation au voyage
   Comprend un index.
   Pour enfants.
   ISBN 978-2-89464-914-5

   1. Voyages - Guides - Ouvrages pour la jeunesse. 2. Enfants - Voyages - Guides - Ouvrages pour la jeunesse. I. Vincent, Marianne, 1985-   . II. Titre.

   G151.A72 2015   j910.2'02   C2014-942260-1

© Guides de voyage Ulysse inc.
Tous droits réservés
Bibliothèque et Archives nationales du Québec
Dépôt légal – Troisième trimestre 2015
ISBN 978-2-89464-914-5
Imprimé en Chine

Ne convient pas aux enfants de moins de 36 mois.

Lulu, Lila et la plume qui plane

Une initiation au voyage

Textes et photographies :
Madeleine Arcand

Illustrations :
Marianne Vincent

ULYSSE

Comme à son habitude,
Lila rejoint son meilleur ami chez lui.

- Bonjour Lulu, tu t'amuses à regarder
de beaux paysages dans
Le grand livre du voyageur ?

- Oui Lila, admire ces photographies,
elles ont été prises partout à travers le monde.
Ça me donne envie de partir en expédition.
Tu viens avec moi ?

– Quelle fabuleuse idée !
Sautons sur la plume qui plane
et volons à l'aventure
grâce à la comptine magique :

Petite plume qui plane
Vole et virevolte
Tourne et tourbillonne
Et envole-toi !

Lac Bellecombe, Bellecombe

Premier arrêt Lulu : le **Canada!**

C'est un pays immense, où il y a des forêts et des lacs à perte de vue.
L'hiver, le sol se couvre de neige, on peut donc s'y promener en traîneau
à chiens. Le printemps venu, on se régale avec quoi ? De la tire d'érable.
Ça colle et c'est très sucré. Goûte, tu vas adorer !

Saint-Liguori

Petite plume qui plane
Vole et virevolte
Tourne et tourbillonne
Et envole-toi !

Airlie Beach

Lila, voilà l' Australie, la terre des kangourous,
des crocodiles et du surf ! On y trouve des plages spectaculaires,
comme celle-ci, nommée le « paradis blanc », et des palmiers rigolos
qui donnent... les noix de coco !

Whitehaven Beach

Petite plume qui plane
Vole et virevolte
Tourne et tourbillonne
Et envole-toi !

Cathédrale Saint-Basile-le-Bienheureux, Moscou

Priviet Lulu ! C'est comme ça qu'on dit « salut » en **Russie.**
Ici, les églises ont des clochers à bulbe rouge, vert, bleu ou doré,
et on appelle les grands-mamans *babouchkas*.
C'est drôle, tu ne trouves pas ?

Petite plume qui plane
Vole et virevolte
Tourne et tourbillonne
Et envole-toi !

Désert du Sahara, Ksar Ghilane

Oh ! Lila ! Voici le plus grand désert du monde,
le Sahara ! Nous nous trouvons en Tunisie,
sur le continent africain. Crois-tu que cette oasis est réelle
ou que c'est un mirage ? Un mirage, c'est quand on pense voir
quelque chose qui n'existe pas vraiment...

Sud tunisien

Petite plume qui plane
Vole et virevolte
Tourne et tourbillonne
Et envole-toi !

Château de Versailles

Mon beau prince ! Regarde, de vrais de vrais châteaux. Je les reconnais : nous sommes en **France.** Ici, tu peux admirer le château de Versailles. Si tu observes bien, tu pourrais apercevoir le roi et la reine. Là, c'est Chambord, qui comprend 426 pièces ! Ça fait beaucoup de chambres et de salles de bain à nettoyer !

L'érable à sucre est l'arbre qui produit le délicieux sirop d'érable

Au Canada, on peut se balader en traîneau à chiens

Au Canada, on appelle cet animal un orignal

La maman canard s'appelle la cane et ses bébés, les canetons

Le castor construit lui-même sa maison appelée « hutte »

À la cabane à sucre, on mange des produits faits à base de sirop d'érable

Les tortues aiment le sable des plages australiennes

Les crocodiles ont beaucoup de dents; il faut se tenir loin d'eux

Les mamans kangourous transportent leur bébé dans la poche située sur leur ventre

La vaisselle traditionnelle russe est faite de bois

Les poupées russes s'emboîtent de la plus petite à la plus grande

Les koalas adorent manger des feuilles d'eucalyptus

Les Australiens sont des mordus de surf

À l'intérieur des noix de coco se trouve une délicieuse eau de coco

L'ours brun aime vivre en Russie

Le dromadaire peut survivre longtemps dans le désert

Le mouton est un animal important dans la culture tunisienne

Pour rouler sur les dunes de sable, il faut un véhicule puissant

En Tunisie, on danse en faisant onduler son corps

Le charmeur de serpent captive l'animal par les mouvements de sa flûte

Une oasis est une zone du désert où l'on retrouve de la végétation

Le roi vit dans un château avec sa famille

On retrouve une grande quantité de ces voitures de marque Lada en Russie

Ce drôle d'instrument se nomme « balalaïka »

De véritables princesses ont habité dans les châteaux

Le prince est le fils du roi

Le fou du roi amuse la cour

En Russie, on danse en pliant les genoux et en allongeant une jambe à la fois

À une certaine époque, les femmes portaient de grandes robes

Le carrosse est en quelque sorte l'ancêtre de la voiture

Voici les fameuses *empadas*

Les Brésiliens se costument et dansent durant le carnaval de Rio

Au Vietnam, il y a beaucoup de mobylettes

Comme chez nous, au Brésil, il faut écouter le professeur

Le toucan vit dans les forêts tropicales humides

La pêche est le travail de bien des Vietnamiens

Le football est le sport le plus populaire au pays

Le cri de l'âne est le braiment

Les Libanais aiment faire des bonshommes de neige

Les cactus survivent dans le désert grâce à une réserve d'eau dans leurs tiges

Les Amérindiens étaient les premiers habitants des États-Unis

On peut visiter le Grand Canyon à bord d'un hélicoptère

L'aigle est l'animal qui représente les États-Unis

Le serpent à sonnette est venimeux et peut être dangereux

L'hiver, on peut s'amuser à glisser en traîneau

Les cowboys ont pour travail de garder le bétail

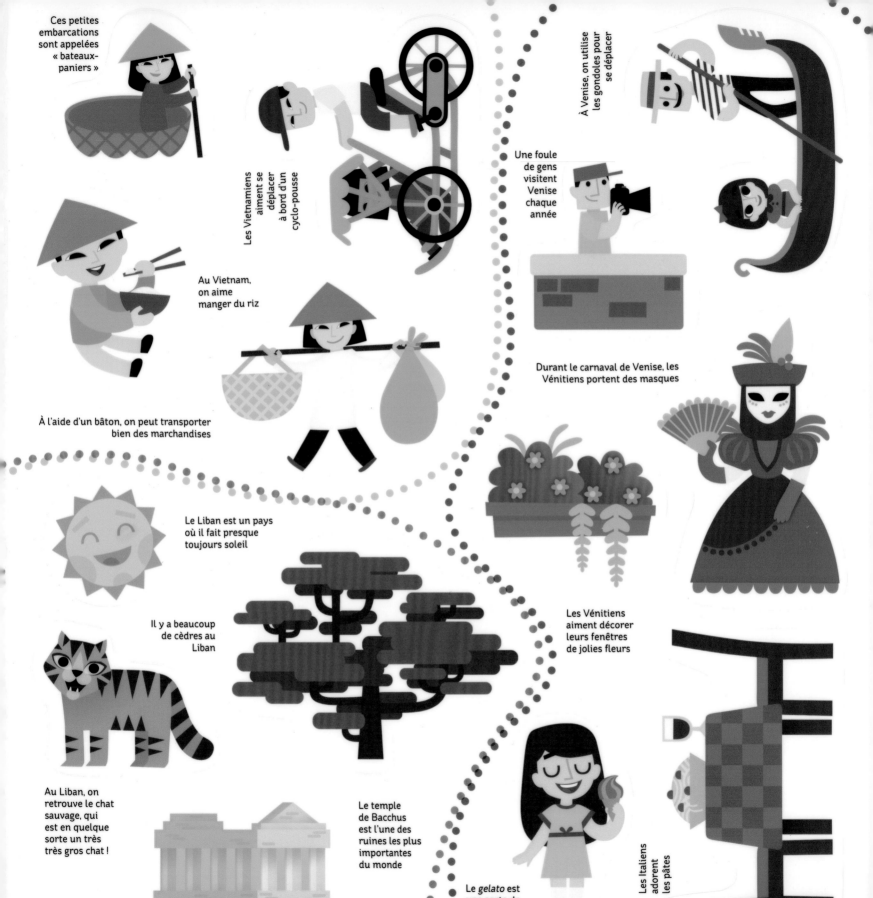

Ces petites embarcations sont appelées « bateaux-paniers »

Les Vietnamiens aiment se déplacer à bord d'un cyclo-pousse

Au Vietnam, on aime manger du riz

À l'aide d'un bâton, on peut transporter bien des marchandises

À Venise, on utilise les gondoles pour se déplacer

Une foule de gens visitent Venise chaque année

Durant le carnaval de Venise, les Vénitiens portent des masques

Le Liban est un pays où il fait presque toujours soleil

Il y a beaucoup de cèdres au Liban

Les Vénitiens aiment décorer leurs fenêtres de jolies fleurs

Au Liban, on retrouve le chat sauvage, qui est en quelque sorte un très très gros chat !

Le temple de Bacchus est l'une des ruines les plus importantes du monde

Le gelato est une sorte de crème glacée délicieuse

Les Italiens adorent les pâtes

Château de Chambord

Petite plume qui plane
Vole et virevolte
Tourne et tourbillonne
Et envole-toi !

Canoa Quebrada

Lila, regarde la jolie petite école ! Elle est au **Brésil,**
un pays où il fait toujours chaud et où les toucans sont si beaux.
Le sport favori des Brésiliens est le football et ils aiment manger des
empadas, ces petites tartes faites de viande et de légumes. Miam !

Canoa Quebrada

ESCOLA MATERNAL
aprendendo a crescer

Petite plume qui plane
Vole et virevolte
Tourne et tourbillonne
Et envole-toi !

Hô Chi Minh-Ville

Le **Vietnam**, Lila.

Ici, on se déplace à vélo ou en cyclo-pousse, on cultive le riz et on porte des chapeaux coniques appelés *nón*. Ils sont mignons, non ?
Devine à quoi servent ces jolis bateaux colorés ?
À pêcher des poissons !

Nha Trang

Petite plume qui plane
Vole et virevolte
Tourne et tourbillonne
Et envole-toi !

Grand Canyon, Arizona

Lulu, je te propose maintenant de t'arrêter devant l'une des merveilles de la nature que l'on trouve aux **États-Unis** : le Grand Canyon. Il s'agit d'une immense vallée qui fut creusée par l'eau durant des millions d'années. Là, tu vois les rochers rouges de la Vallée de Feu. Attention aux cactus piquants et aux serpents à sonnette ! Tsssssss…

Vallée de Feu, Nevada

Petite plume qui plane
Vole et virevolte
Tourne et tourbillonne
Et envole-toi !

baalbek

Ce que tu vois, ce sont des pierres qui sont là
depuis près de 2000 ans ! C'est ce qu'on appelle des « ruines ».
Et ces drôles de sapins, tu sais comment on les nomme ?
Ce sont des cèdres, l'emblème du pays. Nous nous trouvons
au *Liban* ! *Ana bahebak* Lila, ça signifie « je t'aime ».

Bcharré

Petite plume qui plane
Vole et virevolte
Tourne et tourbillonne
Et envole-toi !

Venise

Tu connais cette ville d'**Italie** construite sur l'eau ?
Elle a pour nom Venise. Les rues sont comme de petites rivières et
les maisons sont soutenues par d'énormes morceaux de bois appelés
« pilotis ». On n'y trouve aucune voiture puisqu'on s'y déplace en
gondole, en chantant *'O sole mio* tout en mangeant un *gelato* !

Venise

Petite plume qui plane
Vole et virevolte
Tourne et tourbillonne
Et envole-toi !

- Lulu, j'ai adoré découvrir
tous ces magnifiques endroits.
Tu es un fantastique compagnon de voyage.
Maintenant, est-ce qu'on retourne chez toi ?

- Oh oui Lila ! Après ce long périple,
j'irais bien faire un beau dodo dans mon lit douillet
pour être en pleine forme afin de repartir demain.
Tu viendras ?

- Bien sûr, capitaine !
En attendant, fais de beaux rêves de voyages...

Petite plume qui plane
Vole et virevolte
Tourne et tourbillonne
Et envole-toi
vers chez moi !